AF337636

FÊTE ANNIVERSAIRE
DE LA JUSTE PUNITION

DU DERNIER ROI DES FRANÇAIS.

A Strasbourg, le 14 Nivôse de l'an 7 de la République française, une et indivisible.

L'ADMINISTRATION CENTRALE
du Département du Bas-Rhin,

Aux Fonctionnaires publics, et à ses Concitoyens.

IL devait être un jour religieux dans toute la République, l'anniversaire de ce 21 Janvier 1793, qui, poussant un tyran parjure sur l'échafaud, vengea une nation sensible et généreuse des longs outrages des dynasties royales, étonna ses ennemis du présage d'une défaite certaine, et décida pour toujours de la liberté des Francs.

Qn'elle est auguste et morale, Citoyens, cette solennité qui va nous réunir le 2 Pluviôse prochain ! Son but n'est pas seulement de perpétuer l'horreur de la royauté : cette dernière a, par trop de crimes, pressuré nos pères ; elle a, depuis notre révolution, trop semé de divisions affreuses parmi nous ; ensanglanté trop de nos départemens, semé le deuil et l'isolément dans un trop grand nombre de familles, fait trop de veuves et d'orphelins, pour que sa seule idée n'imprime pas l'effroi dans le cœur de tout Français sincèrement ami de la liberté.

Un autre but non moins important est entré dans l'intention du législateur, en fondant cette fête ; un but cher à la moralité publique. C'est sur tout comme parjure que le dernier roi des Français a porté sa tête coupable sous le glaive de la loi : c'est aux parjures que son supplice doit, d'âge en âge, annoncer une punition inévitable.

Qu'il est criminel, en effet, celui qui viole la foi donnée ! Il insulte à l'Être-suprême, qu'il a pris à témoin de sa sincérité ; il outrage la société : en enfreignant, même secrétement, le serment de fidélité et d'attachement à la République, il trompe indignement ses concitoyens, qui avaient reçu ce serment ; il travaille sourdement contre la patrie ; conspire avec ses ennemis les plus acharnés ; appelle sur son pays le fer, les torches et le poison. . Il mérite de périr dans l'ignominie.

Fonctionnaires publics ! Concitoyens ! nous allons le réitérer, ce serment des hommes libres ; nous allons retremper notre énergie républicaine dans le sentiment profond de haine pour la royauté et l'anarchie, d'horreur pour les parjures.... Si quelqu'un de nous osait apporter à la solennité austère du deux Pluviôse l'intention de violer sa foi, que sa main se sèche à l'instant ! Que les traces de son crime, éternellement empreintes sur son front, disent à tous ceux qui se trouveront sur son passage : *fuyez, c'est un parjure !*

Signé à la minute : GRIMMER, Président; GOTTEKIEN, BERTRAND, HEYDENREICH, KUGLER, Administrateurs; CHRISTIANI, Commissaire du Directoire exécutif.

Certifié conforme :
Signé GRIMMER, Président;
et BOTTIN, Secrétaire en chef.

IMPRÉCATION
CONTRE LES PARJURES,

Chantée à la fête célébrée le 2 Pluviôse, an sept
de la République.

RÉCITATIF.

La voix de la patrie en ce jour nous appelle;
Chacun de nous lui doit jurer d'être fidelle :
Jurons donc, par le sang de ces Républicains
Qui dans le champ d'honneur ont fini leurs destins,
Par ces héros si chers à notre ame attendrie,
D'aimer, de maintenir les lois de la patrie.
Mais, avant de prêter cet auguste serment,
Du salut de l'état redoutable garant,
N'oublions pas qu'il veut des cœurs, des bouches pures,
Et que le ciel entend et punit les parjures.

Air de l'hymne des victoires :
Fuyant ses villes consternées,
L'Ibère, orgueilleux et jaloux, etc.

Je jure de rester fidelle
Aux drapeaux de la liberté;
A la hideuse royauté
Je jure une haine éternelle.
Grand Dieu ! si je trahis jamais
Cette solennelle promesse,
Sur ma tête épuise les traits
De ta colère vengeresse.

Le peuple en chœur.
A ce serment sacré nous nous unissons tous :
Si nous nous parjurons, Dieu puissant ! frappe-nous.

Méme air.

Mais il est une autre ennemie,
Qui voudrait renverser nos lois;
Je jure haine, comme aux rois,
A la sanguinaire anarchie.
Grand Dieu ! si je trahis jamais
Cette solennelle promesse,
Sur ma tête épuise les traits
De ta colère vengeresse.

Le peuple en chœur.

A ce serment sacré nous nous unissons tous :
Si nous nous parjurons, Dieu puissant ! frappe - nous.

INVOCATION

A L'ÊTRE SUPRÊME

POUR LA PROSPÉRITÉ DE LA RÉPUBLIQUE;

Chantée à la même fête.

Air de Gossec.

Source de vérité, qu'outrage l'imposture, etc.

ARBITRE des destins ! suprême intelligence !
Toi, qui d'un mot créas cet immense univers,
Dieu juste et bienfaisant ! les enfans de la France
   Élèvent vers toi leurs concerts.

Au père des humains, au Dieu de la nature
Nous offrons à l'envi nos vœux reconnaissans.
Pourrait-il parmi nous être une ame assez dure
   Pour lui refuser son encens ?

C'est toi, grand Dieu ! c'est toi, de qui la main puissante
De notre République affermit le berceau ;
Elle apparut aux rois terrible, menaçante,
   Lorsqu'ils la croyaient au tombeau.

Du Rhin à l'Océan, du Texel jusqu'au Tibre,
Tu rendis tous les lieux témoins de nos exploits :
Tu montras ce que peut une nation libre,
   Qui combat pour venger ses droits.

Tu guidais d'un héros la marche triomphante
Quand des tyrans d'Égypte il punit la fureur :
Sur les rives du Nil captive, gémissante,
   L'humanité trouve un sauveur.

Veille sur lui, grand Dieu ! contre une main barbare
Dans ces lointains climats protège ses destins.
Le héros vertueux est le don le plus rare
   Que ta bonté fasse aux humains.

Qu'Albion, que cette île en forfaits si féconde,
De tant de nations expie enfin les pleurs ;
Que ce colosse affreux, qui pèse sur le monde,
   Croule sous nos foudres vengeurs.

Que l'aimable olivier, digne prix du courage,
De ses rameaux touffus décore nos remparts ;
Et puissions-nous bientôt voir sous son doux ombrage
   Fleurir les lettres et les arts !

Mais ce n'est point assez d'embellir notre asile,
Grand Dieu ! fais plus encor pour le peuple français ;
Appelle à son secours la famille tranquille
   Des vertus gardiennes des lois.

Pour asseoir de l'état l'éternel équilibre,
Qu'il abhorre le vice et suive l'équité :
Fais qu'il aime les mœurs, il sera toujours libre :
   Sans les mœurs point de liberté.

Sous les sceptres d'airain maintenant écrasées,
Les nations, voyant tous les Français heureux,
De leurs longues erreurs enfin désabusées,
   Briseront des fers odieux.

France ! de tes vertus les racines fécondes
Étendront leurs rameaux chez cent peuples divers ;
L'auguste liberté, planant sur les deux mondes,
   Régnera dans tout l'univers.

Straßburg, den 14ten Nivos, im 7ten Jahre der in Einheit und Unzertrennlichkeit bestehenden fränk. Republik.

Die Central-Verwaltung
des Nieder-Rheinischen Departementes,

An die öffentlichen Beamten und an ihre Mitbürger.

Er mußte zu einem ernsten, hehren Tage in der ganzen Republik werden, der Gedächtnißtag des 21sten Jänners 1793, welcher einen meineidigen Tyrannen aufs Blutgerüste schleppte, und dadurch eine gefühlvolle großmüthige Nation für die langen Bedrückungen der königlichen Herrschers-Reihen rächte, seine Feinde mit dem Vorgefühl einer entschiedenen Niederlage schreckte, und auf immer über die Freyheit der Franken entschied.

Erhaben und in enger Beziehung auf die Sittlichkeit, Bürger, ist die Feyerlichkeit, zu welcher wir den 2ten Pluvios uns vereinigen werden. Ihr Zweck ist nicht allein, den Abscheu vor dem Königthum bey uns zu verewigen: Dieses Königthum hat durch allzuviele Verbrechen unsere Väter gequält; es hat seit unserer Revolution allzuviele schreckliche Spaltungen unter uns erregt, allzuviele unserer Departemente mit Blut über zogen, Verwüstung und Trauer über allzuviele Familien gebracht, allzuviele Wittwen und Waisen gemacht, als daß nicht der bloße Gedanke an dasselbe, das Herz jedes, die Freyheit aufrichtig liebenden, Franken mit Schrecken und Abscheu erfüllen sollte.

Einen andern, nicht weniger wichtigen Zweck hat der Gesetzgeber bey Stiftung dieses Festes gehabt, einen Zweck, der für die öffentliche Sittlichkeit von großer Wichtigkeit ist. Des Meineids wegen hauptsächlich hat der letzte König der Franken sein sträfliches Haupt unter das Messer des Gesetzes legen müssen. Den Meineidigen also muß sein Verbrecher-Tod von Geschlecht zu Geschlecht ihre unvermeidliche Strafe vorher verkündigen.

Welch ein Verbrecher ist nicht wirklich derjenige, der sein gegebenes Wort bricht! Er spottet des höchsten Wesens, das er zum Zeugen seiner Aufrichtigkeit genommen; er beleidigt gröblich die Gesellschaft... Sollte er auch nur insgeheim den Eid der Treue und der Liebe brechen, den er der Republik geschworen hat; so betrügt er auf eine höchst unwürdige Art seine Mitbürger, die diesen Eid ihm abgenommen haben; er arbeitet im Finstern gegen sein Vaterland; er verbündet sich mit seinen wüthendsten Feinden; er bringt den Mord- und Gift-Tod und die

Verwüstungen des Feuers über dasselbe — er
verdient, in Schande und Schmach sein Leben
auszuhauchen.

Oeffentliche Beamten! Mitbürger! Wir werden ihn erneuern diesen Eid der freyen Menschen.
Wir wollen unsere republikanische Thatkraft aufs
neue in dem innigen Gefühle des Hasses gegen
das Königthum und die Anarchie und des Ab-
scheues vor dem Meineide stählen. — Verdorre
augenblicklich die Hand, die bey der ernsten
Feyer des 2ten Pluvios zum Meineide sich auf-
hebt! Dieses Lasters Spuren müssen auf ewig
auf der Stirne desjenigen von uns, der dieses
Verbrechens sich schuldig zu machen frech genug
ist, zu lesen seyn, und jedem, der ihm begegnet,
zurufen: Fliehe! daß dich nicht verpeste des
Meineides Hauch!

In der Minute sind unterschrieben: Grimmer,
Präsident; Gotteklen, Heydenreich, Bertrand, Kugler, Verwalter; Christiani, Kom-
missär des Vollziehungs-Direktoriums.

Mit dem Original gleichlautend erfunden:
Unterschrieben: Grimmer, Präsident;
und Bottin, Ober-Sekretär.

Verwünschungen des Meineids,

für den 2ten Pluvios 7,

Jahrtag der gerechten Bestrafung des letzten Königs der Franken.

Recitatif.

Ein Volksbeamter.

Horchend dem Aufgebot, schwören wir
   Unverbrüchliche Treue
Dem Lande unsrer Väter.

Bey dem Blute der Freyen,
Im Kampfe für Freyheit und Recht,
   Auf dem Schlachtfeld gefallenen,
Schwören wir Treue den Satzungen
   Des freyen Landes der Sieger.

Wem's Herz nicht bieder schlägt,
Treulose, Frevler, entfernt euch! —
Der Schwur ist Wohlfart den Franken,
Verderben dem Landesverräther.

Erste Strophe.

Ich schwöre Treue
Der Sache der Freyheit,
  Dem scheuslichen Königthum
  Ewigen Haß.

Herrscher des Welt-Alls!
Wer den heil'gen Schwur bricht,
  Den treffe
  Unvergängliche Rache!!!

Das Volk im Chor.

Wir alle schwören den heiligen Schwur!!!
  Wer den heil'gen Schwur bricht,
  Den treffe
  Unvergängliche Rache!!! —

Zweyte Strophe.

Ew'gen Haß auch Dir,
  Des blutigen Königthums
  Blutigem Bundsgenoß,
  Anarchie!! —

Herrscher des Welt-Alls!
Wer den heil'gen Schwur bricht, ꝛc.

An
das Höchste Wesen
für
die Wohlfart der Republik.

Allmächtiger Schöpfer der Welten,
  Allweiser Regierer!
Dir ertönen unsre Chöre;
  Erhöre die Wünsche der Franken! —

Dem Vater der Menschen, Dir,
  Dem Geber der Freyheit,
  Sey Preis und Ehre!
Das Opfer, Deiner würdig, ist
  Ein freyes, reines Herz.

Du hast den freyen Staat des Frankenvolks gegründet.
  „ Er sey in der Wiege erstickt ", so sprachen,
  In ihrem Wahn, bethörte Könige. . . .
Du aber hast von Anbeginn gesagt:
  „ Er stehe fest und unerschütterlich! "
    Er steht!!

Er steht, erwachsen unter Stürmen,
  Tiefgewurzelt, furchtbar . . . .
  Kron' und Zepter schwinden,
  Das Reich der Freyheit bleibt.

Große Dinge hast Du, Allgütiger, an uns gethan!
Gestärkt durch Deinen allmächtigen Arm,
Gab unsre Helden-Jugend der Welt die neuen Wunder
Der Menschen-Kraft, im Kampf für Recht.

———

Vom Rhein hin bis zum Ocean, vom Texel bis zur Tiber,
Stehn sie, von Stätte zu Stätte, in hehrem Glanze,
Für ewige Zeiten, zum Staunen der kommenden Geschlechter,
Aufgepflanzt durch Dich,
Die Siegs-Trophä'n der Freyheit, Zeugen deiner Allmacht!

———

Du führtest zu des fernen Nilstroms-Ufern;
Dort, wo in langem Todesschlaf der Menschheit Keim
erstorben schien,
Du führtest unsrer Helden Sieges-Marsch,
Zu züchtigen Egyptens Unterdrücker.
Der Mamelucken Horden sind zerstäubt . . . .
Der Sieg der Franken, der Tyrannen Flucht,
Ist der Menschheit Rettung.

———

Allmächtiger! vollende das große Werk der Freyheit!
Wach über unsre Brüder, über ihren Führer!
Wend' ab, von den Tapfern, verborg'ne Gefahren
Treuloser, feig-mörderischer Hände! —

———

Noch schändet den Erdball ein Eiland voll Gräuel, —
Mit dem Fluche der Völker beladen, —
Feist von Menschenblute, vom Raube der Länder und Meere . . .
Der rächende Blitzstral zerschmettre den grauenvollen Koloß!
Albions Sturz verwandle den Jamer der Völker in Jubel!!

———

Dann schenk uns, Vater, den Frieden! —
Im Schatten des Oelbaums, in froher, sel'ger Ruhe,
Laß dann uns genießen die Früchte des Sieges,
Laß blühen Kunst und Wissenschaft!! —

———

Was, vor allem, ein freyes Volk bedarf,
Gute Sitten, gib und erhalte uns!
Liebe zur Tugend, Abscheu vor Laster;
Erhebe die Franken zum Vorbild
Der Nationen!! —

———

Unsre Wohlfart werde die Losung des Erwachens
Der Völker der Erde!!! —
Daß alle zerbrechen ihre Fesseln,
Und gleiche Freyheit beyde Welten
Umfasse und verbrüdre!!! —

———

Straßburg,
gedruckt bey F. G. Levrault, des Nieder-Rheinischen
Departements Buchdrucker.

www.ingramcontent.com/pod-product-compliance
Lightning Source LLC
Chambersburg PA
CBHW050741070726
47597CB00009B/4029